Franziska Dedow

Der Umgang mit Heterogenität in Schweden

GRIN Verlag

Bibliografische Information der Deutschen Nationalbibliothek:

Die Deutsche Bibliothek verzeichnet diese Publikation in der Deutschen National-
bibliografie; detaillierte bibliografische Daten sind im Internet über http://dnb.d-
nb.de/ abrufbar.

Impressum:

Copyright © 2007 GRIN Verlag, Open Publishing GmbH
Druck und Bindung: Books on Demand GmbH, Norderstedt Germany
ISBN: 978-3-640-68096-2

Dieses Buch bei GRIN:

http://www.grin.com/de/e-book/155936/der-umgang-mit-heterogenitaet-in-
schweden

GRIN - Your knowledge has value

Der GRIN Verlag publiziert seit 1998 wissenschaftliche Arbeiten von Studenten, Hochschullehrern und anderen Akademikern als eBook und gedrucktes Buch. Die Verlagswebsite www.grin.com ist die ideale Plattform zur Veröffentlichung von Hausarbeiten, Abschlussarbeiten, wissenschaftlichen Aufsätzen, Dissertationen und Fachbüchern.

Besuchen Sie uns im Internet:

http://www.grin.com/

http://www.facebook.com/grincom

http://www.twitter.com/grin_com

Universität Potsdam

Institut für Erziehungswissenschaften

Ausarbeitung eines Referates

Thema: Der Umgang mit Heterogenität im schwedischen Schulsystem

Semester: Wintersemester 2007/08

Wörter: 2997

Inhaltsverzeichnis

1. Einleitung

In den PISA-Studien[1] der OECD schnitten die deutschen Schülerinnen und Schüler im Gegensatz zu ihren skandinavischen Altersgenossen eher durchschnittlich ab. Bei der PIRLS[2] - Untersuchung der IEA, welche die Lesefähigkeit von zehnjährigen Schülerinnen und Schüler prüft, erreichte Schweden außerdem den ersten Platz. Auch bei der Testung von Grundschülern durch die Iglu-Studie[3] belegt Schweden einen der vordersten Plätze.

Daher wurden in den letzten Jahren vorwiegend die Schulsysteme der Gewinner der internationalen Vergleichtest betrachtet und idealisiert. Im Unterschied zu Deutschland besitzt die Erziehung und Bildung der Kinder und Jugendlichen in Schweden einen wesentlich höheren Stellenwert.

In einem Referat mit dem Thema „Der Umgang mit Heterogenität in Schweden und Finnland" sollten zwei Länder näher betrachtet werden, die zu den Spitzengruppe der internationalen Schulleistungsstudien gehören, Dabei wurden vertiefend das schwedische Schulsystem in Bezug auf die Vorschule, der neunjährigen Pflichtschule und der Gymnasialschule dargestellt. Anliegend erfolgten eine nähere Betrachtung der Arbeitskultur und Organisation im schwedischen Schullalltag sowie die Darstellung der Bewertungspraktiken und der Zusammenarbeit im Lehrerkollegium. Es erfolgte außerdem ein Einblick in den Umgang mit behinderten Kindern und Jugendlichen. Diese Schwerpunkte werden in dieser Verschriftlichung des Seminarbeitrages im Folgenden noch einmal detailliert veranschaulicht.

Grundlage des Seminarbeitrages sowie dieser Verschriftlichung war eine Dokumentation von Reinhard Kahl mit dem Titel: „Spitze! Schule am Wendekreis der Pädagogik" aus dem Jahr 2002. Der Videofilm verdeutlicht die schulischen Erfolgskonzepte aus Finnland und Schweden und versucht darzustellen, warum ca. 70% aller Schülerinnen und Schüler eines Abschlussjahrganges die Befähigung für ein Studium erreichen. Ausführlich wird erläutert, wie wichtig die vorschulische Erziehung sowie die gleichbedeutende Förderung der leistungsstarken- und schwachen Schüler ist. Die bedeutungsvollen Leitsätze: Die *Kinder nicht beschämen!* und: *Die Selbstständigkeit von Jugendlichen nicht unterschätzen!* werden vorgestellt und dabei die Grundideen der skandinavischen schulischen Erziehung begründet.

---

[1] Programme for International Student Assessment.
[2] Progress in International Reading Literacy Study.
[3] Internationale Grundschul-Leseuntersuchung.

2. Das schwedische Schulsystem

In den 1980er Jahren kam es zu weitreichenden inhaltlichen und methodischen Veränderungen im schwedischen Schulsystem. Zuvor gab es eine ähnliche Schul- und Unterrichtsorganisation wie in Deutschland. Dies bedeutet folglich festgelegte Klassengrößen, vorgeschriebene Lehrbücher und Unterrichtsmaterialien sowie geregelte Unterrichtseinheiten. Die Änderungen und neuen Prinzipien des Schulsystems werden in den folgenden Kapiteln ausführlich aufgezeigt.

2. 1. Die vorschulische Erziehung

Eines der bedeutenden Ziele der schwedischen Bildung ist, dass jedes Kind –egal mit welchem sozialen, ethnischen oder kulturellen Hintergrund- die Möglichkeit erhält, die öffentliche Kinderfürsorge in Anspruch zu nehmen. Ab dem siebten Monat können Eltern ihre Nachkommen in Kindertagesstätten unterbringen. Jede Gemeinde ist verantwortlich dafür, dass jedes sechsjährige Kind einen Platz an der Vorschule erhält. In skandinavischen Ländern ist es nicht außergewöhnlich, dass schon Vier- oder Fünfjährige die Vorschulerziehung besuchen. Die Vorschulen in Schweden haben allgemein ein hohes Ansehen in der Bevölkerung, da die Mädchen und Jungen von akademisch ausgebildeten Lehrern betreut und unterrichtet werden. Die Kinder erhalten eine kognitive und anspruchsvolle Wissensvermittlung, aber auf spielerische und altersgerecht angepasste Art und Weise.

Die Vorschulen halten sich an das Prinzip: Kinder sind für Kinder die ersten Pädagogen. Erst dann folgt der Lehrer sowie als drittes Element der Raum bzw. die Lernörtlichkeiten mit den entsprechenden Lernmaterialien. Die Pädagogen sind der Überzeugung, dass Kinder besser von Kindern lernen, da sie sich Sachverhalte oder Zusammenhänge untereinander besser und verständlicher erklären können.

Wesentlich für die Erziehung und Bildung in der Vorschule ist auch das Motto: Jedes Kind ist anders und jedes Kind kann etwas anderes. Demzufolge soll jedes Mädchen und jeder Junge in seinen Fähigkeiten individuell bestätigt und gefördert werden.

Schon in der Vorschule sammeln die Schülerinnen und Schüler ihre Erzeugnisse, Ergebnisse und Lernprodukte etc. in sogenannten Portfolios. Eine Ansammlung von Arbeiten, die ihre individuelle Entwicklung, Fortschritte und Leistungen der Lehrkraft, den Eltern und letztendlich auch dem Schüler selber aufzeigen sollen. Es erfolgen erste Selbsteinschätzungen, in denen die Ziele und die Erfolge bzw. die Misserfolge in ein oder mehreren Lernbereichen von dem Schüler dargestellt oder reflektiert werden.

2.2. Die neunjährige Pflichtschule

Im Gegensatz zu Deutschland gilt in Schweden nicht das Prinzip der Überprüfung der Schulreife, um den Entwicklungsstand eines Kindes festzustellen. Die Kinder werden eingeschult, wenn sie ein bestimmtes Alter erreicht haben. In der Regel werden die Kinder im Alter von sechs oder sieben Jahren in Schweden als schulfähig betitelt.[4]

In Schweden gibt es ein neunjähriges Pflichtschulsystem und beginnt mit der sogenannten *Skola*, der schwedischen Form der Gesamtschule, welche die Grundsätze des schwedischen Sozialstaates deutlich widerspiegelt. Ausnahmslos alle Kinder, egal aus welchen sozialen Schichten sollen die Möglichkeit erhalten, die gleichen Bildungschancen und -voraussetzungen zu erfahren. Der Zielgedanke ist, dass bei Kindern, die aus benachteiligten Elternhäusern stammen, die Ausbildungsaussichten angehoben werden.[5]

Die Gesamtschule wird in drei Stufen unterteilt. Im Alter von sieben bis neun Jahren besuchen die Kinder die untere Primarstufe bzw. die Unterstufe. Als nächstes folgt die obere Primarstufe bzw. Mittelstufe für die Zehnjährigen bis Zwölfjährigen und dann gelangen die Schüler im Alter von dreizehn bis fünfzehn Jahren in die Oberstufe bzw. untere Sekundarstufe.[6] Der Übergang von einer Stufe zur anderen erfolgt ohne Prüfungen.

In den ersten zwei Stufen der Unter- und Mittelstufe haben alle Schülerinnen und Schüler zunächst die gleichen Fächer. Englisch wird schon ab der dritten Klasse unterrichtet und gehört mit zu den Pflichtfächern, in der Oberstufe bekommen die Schülerinnen und Schüler dann die Möglichkeit zur Differenzierung, da sie drei bis

---

[4] Vgl. Schümer, Gundel: Bildung und soziale Ungleichheit. Zum Umgang mit unterschiedlichen Lernvoraussetzungen in Deutschland und anderen OECD-Ländern, in: Die Deutsche Schule, 2005/3, S. 273.

[5] Vgl. Ratzki, Anne: Heterogenität- Chance oder Risiko? Eine Bilanz internationaler Schulerfahrungen, Antrittsvorlesung am 26.01.05 an der Universität Potsdam,
http://www.ler-nrw.de/archiv/Heterogenitaet_als_Chance_19_11_05.pdf,
Stand 10.03.2008, S. 5.

[6] Vgl. Mitter, Wolfgang (Hrsg.): Wege zur Hochschulbildung in Europa. Vergleichsstudie zum Verhältnis von Sekundarabschluß und Hochschulzugang in Frankreich, England und Wales, Schweden und Deutschland, S. 201.

vier Stunden entsprechend ihren Neigungen auswählen können. Zumeist wählen die Schülerinnen und Schüler eine weitere Fremdsprache, wie Französisch oder Deutsch.[7] Innovativ ist die Tatsache, dass allen Schülerinnen und Schülern, die eine andere Muttersprache sprechen als Schwedisch, ein muttersprachlicher Unterrichtet angeboten werden muss. Zusätzlich gibt es ein Angebot von grundlegenden Vorbereitungsklassen, in denen die Schwedischkenntnisse für Nichtmuttersprachler verbessert werden können. Bis zur Mittelstufe sind die Unterrichtsstunden hauptsächlich bilingual, danach sollten die Schülerinnen und Schüler, bei denen Schwedisch nicht die Muttersprache ist, die Landessprache beherrschen, da im weiterführenden Unterricht oftmals nur noch schwedisch gesprochen wird.[8]

Ein besonderes Anliegen der Gesamtschule ist der Aufbau der sozialen Kompetenzen. Die Schülerinnen und Schüler bleiben in den neun Jahren immer im gleichen Klassenverband. Dass ermöglicht ihnen zu lernen, wie sie stabile und lang andauernde Beziehungen bilden und erhalten können. Des Weiteren lernen die leistungsstärkeren Schülerinnen und Schüler den schwächeren Schülerinnen und Schülern zu helfen. Die gemeinsame Zusammenarbeit verstärkt zudem das Zusammengehörigkeitsgefühl in der Klasse.

2.3. Die Gymnasialschule

Im Anschluss an die erfolgreiche Absolvierung der Gesamtschule besuchen ca. 90 % Prozent der Schülerinnen und Schüler die dreijährige Gymnasialschule. Eine Ursache dafür ist, dass in Schweden der Abschluss des Gymnasiums die Chancen auf einen Arbeitsplatz maßgeblich erhöht. Die schwedische Gymnasialschule ist jedoch nicht mit dem deutschen Gymnasium vergleichbar.

An dieser Schule werden nur acht Kernfächern unterrichtet: Schwedisch, Englisch, Gesellschaftswissenschaften, Naturwissenschaft, Sport, Mathematik, Religionswissenschaft und Gesundheit. Des Weiteren werden studien- und berufsvorbereitende Ausbildungsprogramme angeboten. Von sechzehn nationalen Programmen, bereiten zwei die Schülerinnen und Schüler auf das Studium an der Universität vor. Da im schwedischen Gymnasium ein wesentlicher Teil der

---

[7] Vgl. Mitter, S. 202.
[8] Vgl. Mitter, S. 202.

beruflichen Ausbildung stattfindet, werden vierzehn Programme für die Berufsvorbereitung angeboten.[9]

Es gibt auch an dieser Schule keine herkömmlichen Prüfungen. Das Benotungssystem besteht aus vier Skalen. Entscheidend ist, dass die Schülerinnen und Schüler auch hier nicht die Demütigung erfahren, durchzufallen. Das Benotungssystem beginnt mit ungenügend, gefolgt von bestanden, bestanden mit Auszeichnung sowie bestanden mit hoher Auszeichnung als beste Schulleistung. Die Bewertungsprinzipien an der Pflichtschule sollen im folgenden Kapitel vorgestellt werden.

---

[9] Vgl. Mitter, S. 203 ff.

3. Arbeitskultur und Organisation im schwedischen Schulalltag

Einen Einblick in die Arbeitskultur und Organisation des schwedischen Schulalltags soll im Folgenden dargestellt werden.

In der Regel beginnt der Schulalltag der schwedischen Schüler um acht Uhr morgens und endet zwischen zwei und drei Uhr am Nachmittag, da es sich zumeist um Ganztagsschulen handelt. Nach der Hälfte des Schultages werden die Schülerinnen und Schüler mit einem kostenlosen Mittagsessen versorgt.

Einen klassischen zeitlich festgelegten Stundenplan findet man nur an wenigen schwedischen Schulen. Den Bildungsstätten ist es freigestellt, die Länge der Unterrichtseinheiten festzulegen. Abhängig von den geplanten Unterrichtssequenzen, Übungseinheiten, Erarbeitungsphasen oder den ausgemachten Wochenplänen können die Unterrichtseinheiten variieren zwischen dreißig, sechzig oder neunzig Minuten.[10]

In der typischen Unterrichtstunde werden zunächst gemeinsam im Klassenverband Aufgaben bearbeitet. Danach arbeiten die Schüler selbstständig an vorgeschlagenen Kapiteln weiter. Da die Klassengemeinschaften stets heterogen sind und somit der Lernstand der Schülerinnen und Schüler unterschiedlich ist, befinden sich in vielen Schulen Selbstlernzentren, in den sich die Lernenden zurückziehen, am Computer recherchieren oder das Nachschlagen in Fachbüchern üben können. Schwächere Schüler können sich zeitgleich in entsprechend angebotene Fördergruppen helfen lassen, welche zumeist klassenübergreifend angelegt sind.

In Schweden werden die Lehrerinnen und Lehrer zu Begleitern beim Lernvorgang ihrer Schülerinnen und Schülern. In der Regel geben die Lehrkräfte den Schülerinnen und Schülern eine übersichtliche Darstellung über das zu behandelnde Thema, dass zumeist in einem Zeitraum von bis zu vier Wochen ausgearbeitet werden soll. Eine andere Arbeitsmöglichkeit ist die gemeinsame Erstellung eines Wochenplanes durch die Schülerinnen und Schüler sowie der Lehrkraft. Folglich werden den Schülerinnen und Schüler Aufgaben und Aufgabenkomplexe mit unterschiedlichem Schwierigkeitsgrad gereicht. Sie können dann selbstständig entscheiden, wann und wie sie sich mit diesen Aufgaben beschäftigen möchte. Es wird den Schülerinnen und Schülern freigestellt, ob sie die Arbeitsaufträge in Einzel-, Partner- oder Gruppenarbeit absolvieren wollen.[11]

---

[10] Vgl. Eikenbusch, Gerhard: Alle sind gleich- aber jeder ist anders....Erkundungen zur Kultur der Individualisierung und Differenzierung in Schweden, in: Pädagogik 9/03, S. 11.
[11] Vgl. Ratzki, S. 6.

An der Futurum Schule in Balsta wurde ein „Loggbuch" eingeführt, in denen die Schülerinnen und Schüler ihren persönlichen Lernentwicklungsplan bestimmen und festlegen können. Martina Schmerr stellt fest, dass *„das Buch alles in einem zu sein scheint: Lerntagebuch, Wunschzettel, Wochenplan, Entwicklungshilfe, Reflexionsecke, Dokumentation, und Evaluation"*[12]. Die Lehrkräfte sowie die Eltern haben die Möglichkeit, den aktuellen Entwicklungs- und Leistungsstand des Schülers zu betrachten und zu beurteilen. Durch zusätzliche Anmerkungen und Erklärungen des Lehrenden kommt es zugleich zu einer neuartigen Form von Rückmeldung und Bewertung, da in der schwedischen Gesamtschule wird bis zur achten Klasse vollständig auf Noten verzichtet wird. Im folgenden Kapitel werden die Bewertungs- und Beurteilungspraktiken in den schwedischen Schulen näher vorgestellt.

3.1. Bewertungs- und Beurteilungspraktiken in Schweden

Die Bewertungs- und Beurteilungspraktiken in Schweden sind sehr vielfältig. Zunächst erhalten die Schülerinnen und Schüler täglich durch mündliche Kommentare der Lehrkraft eine Rückmeldung über ihre Tagesleistungen und Lernergebnisse.

Ab dem zweiten Schuljahr kommt es zum Einsatz von Lernstandsdiagnosen. Solche Lernstandsdiagnosen sind sehr gut als Voraussetzung für die Entscheidung für eine individuelle Förderung geeignet.

Aber wesentlich ergiebiger sind die Planungs- und Entwicklungsgespräche, an denen die Lehrkraft, der Schüler und die Eltern des Lernenden teilnehmen. Diese Gespräche finden im halbjährlichen Rhythmus statt und betrachten nicht nur die Lernergebnisse und –fortschritte des vergangenen halben Jahres, sondern es wird auch gemeinsam entschieden, welche Ziele der individuelle Entwicklungsplan des folgenden Halbjahres haben wird und mit welchem Aufwand und welcher Unterstützung die Erarbeitung erfolgen soll.[13] Die Durchführung der Gespräche verläuft meist nach dem gleichen Schema. Als erstes stellt der Schüler seine Arbeiten den Eltern vor und dann wird zusammen mit der Lehrkraft analysiert, inwieweit der vor einem halben Jahr erstellte Lernplan erfüllt werden konnte. Diese gemeinsame Betrachtung der

---

[12] Schmerr, Martina: Schwedisches Puzzle- Eine Reise zu den Schulen des Nordens, http://www.aktiv-fuer-kinder.de/index.php?id=1375, Stand 10.03.2008.
[13] Vgl. Ekholm, Mats: Ganztagsschulen- Chancen für eine bessere individuelle Förderung, http://www.ganztagsschulen.org/_downloads/m1_v7_ekholm.pdf, Stand 10.3.2008, S. 48.

9

Lernergebnisse ist äußerst bedeutsam, da der Schüler *„Bewusstsein über seinen eigenen Lernweg und seine Entwicklung"*[14] entwickeln kann und dieses Bewusstsein kann ihm beim lebenslangen Lernen hilfreich sein. Falls ein weiterer Förderbedarf bei dem Schüler besteht, werden die bestmöglichsten Maßnahmen zur inner- und außerschulischen Unterstützungen mit den Eltern abgesprochen. Des Weiteren erhalten die Eltern bei diesen Gesprächen die Möglichkeit, alle anstehenden Probleme mit der Lehrkraft zu besprechen. In der Regel sollten die Gespräche einen Zeitumfang von mindestens einer halben Stunde haben. In einigen schwedischen Schulen werden auch Vierteljahresgespräche angeboten, die prinzipiell im gleichen Schema verlaufen, wie die halbjährlichen Gespräche.[15]

Diese Auswertungen des Lernprozesses eines Schülers sind auf der Grundlage von gegenseitigem Respekt und Anerkennung gestützt und weniger auf den Bewertungsfokus gerichtet. Auch das Prinzip des Sitzenbleibens ist in schwedischen Schulen nicht bekannt, da dieses Verfahren oft als demütigend empfunden wird.

Bei schwedischen Lehrerinnen und Lehrern ist es absolut unangebracht die Lernenden bloßzustellen, weder durch verbale Kommentare noch durch nonverbale Kommunikation. Beurteilungen durch die Verwendung von Ironie und Sarkasmus zu schmücken, findet keine Anwendungen bei den Lehrerinnen Lehrern. Auch das in deutschen Schulen allzu bekannte gegeneinander Ausspielen von Klassen ist in Schweden keine gängige Praxis. Die Schwächen der Schülerinnen und Schüler werden nicht als ihr Vergehen oder ihre Schuld bezeichnet oder als Unterrichtsstörung angesehen, da die Schüler dadurch entmutig werden könnten gegen ihre Schwächen anzukämpfen. Ihnen werden Möglichkeiten zur individuellen Förderung offenbart, ohne sie anzugreifen oder zu demütigen.[16]

Ab der achten Klasse werden die drei Kernfächer Schwedisch, Englisch und Mathematik benotet und die Schüler erhalten erstmalig Zeugnisse. Die Noten entscheiden hauptsächlich, welcher Ausbildungsgang an der Gymnasialschule besucht werden kann.

---

[14] Eikenbusch, S. 12.
[15] Vgl. Eikenbusch, S. 12.
[16] Vgl. Eikenbusch, S. 11.

3.2. Zusammenarbeit im Lehrerkollegium

Seit Anfang der neunziger Jahre kam es nicht nur zur Überarbeitung des Schulsystems in Schweden, sondern auch die Lehrer mussten mit Veränderungen in ihrem Berufsleben zurechtkommen. Von den Lehrern wurde seit diesem Zeitpunkt verlangt, dass sie auch präsent sind, wenn der reguläre Unterricht schon vorbei ist.[17] Ungefähr vierzig Wochenstunden verweilen die Lehrer in der Schule und nur achtzehn Stunden davon unterrichten sie tatsächlich. Die Einrichtungen der Lehrerräume wurden so angelegt, dass jeder Lehrer einen eigenen Arbeitsplatz mit Computer und Internetzugang erhalten hat. So ist es ihnen möglich, die Unterrichtsvorbereitung in der Schule durchzuführen.

Des Weiteren können die Lehrkräfte in den Freistunden oder am Nachmittag die Zeit gemeinsam nutzen, um sich über die Lernfortschritte und –probleme der Schüler sowie über die entsprechenden Möglichkeiten zur Förderung oder Unterstützung auszutauschen und zu beraten. Dieser Austausch und die gemeinschaftliche Erarbeitung von differenzierenden und spezifischen Arbeitsmaterialien gehört zum festen und selbstverständlichen Arbeitsalltag der schwedischen Lehrerinnen und Lehrern.[18]

3.3. Integration von behinderten Kindern und Jugendlichen

Durch zahlreiche Umbauten und architektonische Veränderungen an und in den Schulgebäuden in Schweden ist es nunmehr zum Normalfall geworden, dass auch körperlich behinderte Schüler am Unterrichtsgeschehen teilnehmen können und dieselbe Bildung erhalten wie Kinder ohne Handicap. Die hohen Kosten und der zusätzliche personale Aufwand war kein Kriterium gegen diese Integration. Zahlreiche Lehrer haben in Weiterbildungen den richtigen und korrekten Umgang mit gehandicapten Schülerinnen und Schülern erlernt. Beispielsweise haben einige Lehrer sich Kenntnisse über die BLISS-Sprache[19] angeeignet und zusätzliche, spezifische Arbeitsmaterialien für das entsprechende Kind angefertigt oder beschafft. Des

---

[17] Vgl. Eikenbusch, S. 11.
[18] Vgl. Eikenbusch, S. 11 ff.
[19] Dabei handelt es sich um ein piktografisches und iedeografisches Symbol- System, welches bei Kindern und Jugendlichen mit Körperbehinderungen und Geistigbehinderungen mit Sprechstörungen, bei Aphasikern und Kindern mit Sprachentwicklungsverzögerungen angewendet wird.

Weiteren werden die Lehrerinnen und Lehrer von Sonderpädagogen oder Assistenten im laufenden Unterricht unterstützt.[20]

Die behinderten Schüler erhalten somit die Chance ein normales Schulleben zu erfahren, ohne dass ihre Einschränkungen sie im alltäglichen Leben ausgrenzen. Aber auch nicht-behinderte Kinder lernen das Zusammenleben mit Kindern, die nicht die gleichen Bewegungsmöglichkeiten haben wie sie. Dadurch wird nicht nur die soziale Kompetenz der Schülerinnen und Schüler ausgebildet, sondern die Entwicklung einer positiveren Einstellung gegenüber Behinderten und eine größere Toleranz gegenüber Differenz werden gelernt.

---

[20] Vgl. Eikenbusch, S. 11.

4. Fazit

Das schwedische Schulsystem hat sich in den internationalen Vergleichen immer als sehr erfolgreich erwiesen. Die Schülerinnen und Schüler erreichen eine durchschnittliche hohe Anzahl an qualifizierten Abschlüssen und es kommt nicht zu einer vorzeitigen Auslese durch Sitzenbleiber oder Schulreifetests.

Der deutlichste Unterschied zu Deutschland ist, dass die schulische Erziehung in der schwedischen Gesellschaft und Politik wichtig ist. Das zeigt sich nicht nur in der Ausstattung der Schulen, sondern auch an der großen Anzahl an Lehrkräften für deutlich kleinere Klassenstärken. Die schwedische Regierung gibt 6,59 % des Bruttoinlandsproduktes für die Bildung aus, Deutschland dagegen nur 4,35 %.[21]

Ein weiterer Vorteil des schwedischen Systems ist, dass es nicht wie in Deutschland, zu einer frühen Selektion nach der vierten bzw. sechsten Klasse kommt. Die Schülerinnen und Schüler in Schweden erhalten die Chance, sich in den neun Schuljahren zu entfalten, eine feste Klassengemeinschaft zu bilden und ohne Druck ihren weiteren Ausbildungsverlauf festlegen zu können.

Wesentliche Gründe für den Erfolg des schwedischen Schulsystems sehe ich insbesondere in dem Umgang mit den Schülerinnen und Schülern. Statt Entmutigung, Sanktionen und Beschämungen bei schlechten Schulleistungen erfahren die Schülerinnen und Schülern in Schweden Unterstützung, Ermutigung und Förderungsvorschläge. Das führt dazu, dass die Schülerinnen und Schüler motiviert und bereit sind zu Lernen und an ihren Schwächen zu arbeiten, da sie sich nicht allein gelassen fühlen. Letztendlich fühlen die Schüler sich in ihren Schulen aufgehoben und das ist ein wichtiger Ansatz für eine erfolgreiche Schullaufbahn.

---

[21] OECD-Zahlen für 1998.

5. Literatur

Eikenbusch, Gerhard: Alle sind gleich- aber jeder ist anders….Erkundungen zur Kultur der Individualisierung und Differenzierung in Schweden, in: Pädagogik 9/03, S. 11- 13

Ekholm, Mats: Ganztagsschulen- Chancen für eine bessere individuelle Förderung, http://www.ganztagsschulen.org/_downloads/m1_v7_ekholm.pdf, Stand 10.3.2008

Mitter, Wolfgang (Hrsg.): Wege zur Hochschulbildung in Europa. Vergleichsstudie zum Verhältnis von Sekundarabschluß und Hochschulzugang in Frankreich, England und Wales, Schweden und Deutschland

Ratzki, Anne: Heterogenität- Chance oder Risiko? Eine Bilanz internationaler Schulerfahrungen, Antrittsvorlesung am 26.01.05 an der Universität Potsdam, http://www.ler-nrw.de/archiv/Heterogenitaet_als_Chance_19_11_05.pdf, Stand 10.03.2008

Schmerr, Martina: Schwedisches Puzzle- Eine Reise zu den Schulen des Nordens, http://www.aktiv-fuer-kinder.de/index.php?id=1375, Stand 10.03.2008

Schümer, Gundel: Bildung und soziale Ungleichheit. Zum Umgang mit unterschiedlichen Lernvoraussetzungen in Deutschland und anderen OECD-Ländern, in: Die Deutsche Schule, 2005/3, S. 266-284